Santa Paulina

Novena e biografia

J. Alves

Santa Paulina
Novena e biografia

Citações bíblicas: *Bíblia Sagrada*.
Tradução da CNBB. 2. ed., 2001.

Editora responsável: Celina Weschenfelder
Equipe editorial

6ª edição – 2008
4ª reimpressão – 2021

Nenhuma parte desta obra poderá ser reproduzida ou transmitida por qualquer forma e/ou quaisquer meios (eletrônico ou mecânico, incluindo fotocópia e gravação) ou arquivada em qualquer sistema ou banco de dados sem permissão escrita da Editora. Direitos reservados.

Paulinas
Rua Dona Inácia Uchoa, 62
04110-020 – São Paulo – SP (Brasil)
Tel.: (11) 2125-3500
http://www.paulinas.com.br – editora@paulinas.com.br
Telemarketing e SAC: 0800-7010081

© Pia Sociedade Filhas de São Paulo – São Paulo, 2002

Introdução

Irmã Paulina do Coração Agonizante de Jesus, ou simplesmente Madre Paulina, como o povo carinhosamente a chamava e continua chamando, é a "nossa" primeira santa em terras brasileiras. Embora tenha nascido na Itália, foi no Brasil que ela viveu intensa e heroicamente o Evangelho, doando toda a sua vida a Deus e aos irmãos desfavorecidos. Foi entre nós que, desde menina, deixou sua profunda marca de mulher forte na fé, na esperança e na caridade, fundando uma congregação religiosa.

E foi entre nossas famílias, tão semelhantes à dela, que Madre Paulina, com a graça de Deus, realizou e continua concedendo numerosas graças e curas comprovadamente milagrosas, como as que constam no processo de sua beatificação.

Ainda viva e gozando de boa saúde, a miraculada Eloíza Rosa de Souza, de Imbituba (SC), não se cansa de agradecer a Deus pela cura recebida graças à intercessão de Santa Paulina. Por três meses carregara no ventre, sem o saber, um feto morto, quando foi acometida de violenta hemorragia e parada cardíaca. Desenganada pelos médicos, foi curada de forma instantânea e perfeita, dia 24 de setembro de 1966, graças à invocação de Santa Paulina.

Também a pequena Iza Bruna, de Rio Branco (AC), é agradecida a Deus por sua cura miraculosa e instantânea. Não apenas sobreviveu a uma cirurgia delicada com risco de morte ou de lesões irreversíveis, como também não teve nenhuma sequela, segundo prognosticaram os médicos. Por intercessão de Santa Paulina, Deus a salvou.

São numerosos os relatos de curas, de graças alcançadas pela intercessão de Santa Paulina, a nossa santa do Brasil.

Que esta novena nos ajude a conhecê-la melhor e a tê-la como nossa intercessora, protetora e amiga no céu. Invoquemo-la com a certeza de que ela nos obterá de Deus as graças de que necessitamos.

Quem foi e como viveu Santa Paulina

Beatificada em 18 de outubro de 1991 e canonizada em 19 de maio de 2002 pelo Papa João Paulo II, Santa Paulina (1865-1942) torna-se oficialmente a primeira santa do Brasil; sua festa é celebrada no dia 9 de julho, data de seu nascimento para Deus.

Mas quem foi Santa Paulina? Amábile Lúcia Visintainer, nome de batismo de Santa Paulina, nasceu em Vigolo Vattaro, um pequeno vilarejo italiano, e veio para o Brasil aos 9 anos de idade. Filha do pedreiro Napoleão Visintainer e da dona de casa Anna Pianezzer, Amábile distinguiu-se entre todos por sua vida virtuosa e pelo grande desejo de ajudar o próximo, o que ela traduzia em atos concretos de vivência evangélica, de participação nos sacramentos e na vida paroquial.

Dia 12 de julho de 1890 é uma data importante na sua vida e na de sua amiga Virgínia Nicolodi: elas deixam a casa dos pais e vão morar em um casebre em Vigolo (SC), para cuidar de uma mulher com câncer. É então que nasce a Congregação religiosa das Irmãzinhas da Imaculada Conceição.

Em 1895, professam os votos religiosos as primeiras Irmãzinhas da Congregação, entre elas, Amábile, que toma o nome de Irmã Paulina do Coração Agonizante de Jesus. Sua obra missionária começa a desenvolver-se com a fundação de novas casas e numerosas vocacionadas: Nova Trento, São Paulo (1903) e Bragança Paulista (1909).

No ano de 1903, foi eleita superiora-geral e, em 1909, foi destituída do cargo, passando a viver, com 44 anos, em uma casa-asilo de idosos fundada por ela, em Bragança Paulista.

Todas as pessoas que a conheceram em vida atestam que ela deu provas de vida evangélica e de heroísmo na prática das virtudes cristãs. A partir de 1938, sua saúde vai se deteriorando em razão de um diabetes que a levou à cegueira e à paralisia. Irmã Paulina morreu no dia 9 de julho de 1942, repetindo serenamente sua habitual jaculatória: "Seja feita a vontade de Deus".

Santa Paulina já em vida era venerada como "santa", como uma "serva de Deus", e não tardou para que seus devotos se multiplicassem e seu culto se difundisse por diversos pontos do país.

Esta novena é um convite para conhecermos melhor esta mulher extraordinária dentro das coisas ordinárias. É também um momento especial para nos aproximarmos mais de Jesus, e agradecermos ao Pai e ao Espírito Santo por termos mais uma intercessora no céu.

PRIMEIRO DIA

Santa Paulina:
"Toda de Deus e toda dos irmãos"

Em nome do Pai, do Filho, e do Espírito Santo. Amém.

Primeira oração

Santa Paulina, vós que participais da glória dos santos e olhais com carinho pelo povo brasileiro, enchei hoje o nosso coração com uma mensagem de paz e de confiança na Providência Divina. Fazei que o Deus de amor reine em nossa vida e que possamos dar graças ao nosso Pai celeste, que por amor nos criou e por amor nos conserva a vida. Hoje queremos louvar a Deus, por nos ter concedido a graça de tê-la como amiga e intercessora junto dele.

Ó Santa Paulina, ajudai-nos a sermos todos de Deus e todos dos irmãos. Inspirai-nos sentimentos de confiança e de coragem para superarmos as dificuldades e provações. (*Momento de silêncio para colocar as intenções pessoais, familiares e comunitárias.*)

Conhecendo Santa Paulina

Nascimento e vida em família – Seu nome era Amábile Lúcia Visintainer. Nasceu no dia 16 de dezembro de 1865, em Vigolo Vattaro, Itália. Foi a segunda de 14 filhos (nove homens e cinco mulheres) de uma família pobre, batalhadora e temente a Deus, como muitas de nossas famílias. Seu pai ganhava a vida como pedreiro e sua mãe e os irmãos, no trabalho árduo da lavoura. Desde cedo conheceu na prática a vida rude e sacrificada da gente pobre, dos doentes, das crianças, dos idosos desamparados e dos que passam necessidades.

Amábile levava a todas as pessoas o conforto de sua ajuda desinteressada, tornando-se para cada uma a mensageira do bem. Nela se confirmava a verdade evangélica de que o Reino de Deus começa modestamente em gestos de amor e de serviço aos irmãos, como a semente de mostarda que, embora pequenina, desenvolve-se de forma majestosa.

Leitura bíblica

"Que beleza, pelas montanhas, os passos de quem traz boas novas, daquele que traz a notícia de paz, que vem anunciar a felicidade, noticiar a salvação, dizendo a Sião: 'Teu Deus começou a reinar!'" (Is 52,7).

Reflexão

1. Como essas palavras de Isaías aplicam-se a Santa Paulina?

2. A exemplo dela, como podemos ser "comunicadores da paz" em nossa família e comunidade?

Mensagem do dia

Nada mais precioso do que a paz que vem de Deus. Por isso, deixemos que a sua palavra fale ao nosso coração. Queremos acolhê-la e deixar que ela abrande todo o nosso ser e nos torne mensageiros do bem e da alegria, para as pessoas que convivem conosco e para as que iremos encontrar hoje.

Segunda oração

Ó Santa Paulina, vós que tanto amastes Maria, a Mãe de Deus, e fostes fiel ao seu convite: "Quero que comeces uma obra; trabalharás pela salvação de minhas filhas", alcançai-nos do Senhor a sensibilidade para percebermos os clamores da realidade e a disponibilidade para servirmos aos mais necessitados e aos que estão em situação de maior injustiça.

> Oração final (*para ser rezada todos os dias*)
>
> Ó Santa Paulina, vós que pusestes toda a vossa confiança no Pai e em Jesus e que, inspirada por Maria, vos decidistes ajudar o povo sofrido, nós vos confiamos a Igreja que tanto amais, nossa vida, nossas famílias, a Vida Consagrada e todo o povo de Deus (*fazer o pedido*).
>
> Santa Paulina, intercedei por nós junto a Jesus, a fim de que tenhamos a coragem de trabalhar para um mundo mais humano, justo e fraterno. Amém.
>
> Pai-Nosso, Ave-Maria, Glória. Santa Paulina, rogai por nós.

SEGUNDO DIA

Santa Paulina: "A semente de mostarda"

Em nome do Pai, do Filho, e do Espírito Santo. Amém.

Primeira oração

Santa Paulina, vós que, ainda criança, conhecestes a luta para conseguir o pão de cada dia, fazei que também nós sejamos disponíveis para atender as pessoas necessitadas. Que possamos hoje prestar mais atenção aos desígnios de Deus em nossa vida e deixar que ele, e não outro, plante em nós a paz, para vivermos a nossa vocação cristã, que é amar sem medida todas as pessoas. (*Momento de silêncio para colocar as intenções pessoais, familiares e comunitárias.*)

Conhecendo Santa Paulina

Amor a Deus e ao próximo – Desde pequena, ao cuidar da avó enferma, Santa Paulina já demonstrava grande sensibilidade e disponibilidade para servir a Deus e ao próximo. Ela foi uma mulher corajosa e confiante de que Deus estava ao seu lado e jamais a abandonaria. Assim, aos 25 anos de idade, junto com a amiga Virgínia, ela deixou tudo para cuidar de uma mulher com câncer, dando origem, em 1909, à Congregação das Irmãzinhas da Imaculada Conceição.

É Deus quem faz tudo... – A obra de Santa Paulina nasceu no desconhecido povoado de Vigolo, em Santa Catarina, no dia 12 de julho de 1890, em um humilde "casebre" coberto de palhas chamado "Hospitalzinho de São Virgílio".

Leitura bíblica

"O Reino dos Céus é como um grão de mostarda que alguém pegou e semeou no seu campo. Embora seja a menor de todas as sementes, quando cresce, fica maior que as outras hortaliças e torna-se um arbusto, a tal ponto que os pássaros do céu vêm fazer ninhos em seus ramos" (Mt 13,31a-32).

Reflexão

1. Como essas palavras de Mateus aplicam-se a Santa Paulina?
2. A exemplo de Santa Paulina, como preparar o terreno do nosso coração para que nele cresçam as sementes do Reino?

Mensagem do dia

Deus passa por nossa vida não só na alegria de uma criança que nasce ou de uma graça alcançada. Ele também passa na doença, nos achaques de um idoso, no olhar de uma criança desejosa de proteção, na dor de uma separação, na humilhação de uma infidelidade, na falta de oportunidades... Nesses momentos de provação, Deus manifesta em nós o seu poder: transforma em árvore a pequenina semente do seu Reino e nos convida a descansar em sua sombra reconfortadora.

Segunda oração

Ó Santa Paulina, vós que desde a infância soubestes partilhar o vosso pão com os mais pobres e necessitados, ensinai-nos a partilhar com as pessoas o pão de nossa mesa, o pão da palavra, do perdão, do amor e da acolhida.

Oração final (p. 15)

TERCEIRO DIA

Santa Paulina: "Trabalhar e rezar"

Em nome do Pai, do Filho, e do Espírito Santo. Amém.

Primeira oração

Ó Santa Paulina, foi servindo a Jesus no próximo que encontrastes a melhor forma de doação, tendo como lema trabalhar e rezar, dai-nos a graça de sabermos valorizar todas as coisas, de modo especial as coisas de Deus. A vossa própria vida cheia de obstáculos, vida de camponesa e operária que luta pela sobrevivência, fez de vós uma mulher forte e corajosa na fé.

Que a vosso exemplo saibamos acolher com amor as dificuldades que a vida nos apresenta. Que sejamos curados das enfermidades, das doenças, e que nenhum mal tome conta de nós. (*Momento de silêncio para colocar as intenções pessoais, familiares e comunitárias.*)

Conhecendo Santa Paulina

Sua obra missionária – A obra missionária de Santa Paulina começou na extrema pobreza e com muito trabalho e oração. Ela foi uma mulher dinâmica, à frente de sua época no discernimento dos sinais dos tempos. Jamais desanimou diante das dificuldades, que não foram poucas. Arrastava com seu entusiasmo e determinação não apenas as coirmãs, mas todos os que tiveram o privilégio de conviver a seu lado. Mais que otimista e positiva em suas ações, era cheia de Deus e deixava-se guiar pelo Espírito Santo.

Não descansava nem se curvava diante das dificuldades – As pessoas que a conheceram contam que, já no final de sua vida, faltando-lhe o braço direito que fora amputado, para fazer a corrente de arame dos terços, Paulina ajudava com a boca. Tinha, pois, o senso do valor do tempo como uma graça que Deus nos concede para louvá-lo e participarmos da sua obra criadora. Queria estar sempre ocupada na oração e no trabalho, sem perder um minuto de tempo, pois amar a Deus e servir o próximo eram para ela uma grande alegria.

Leitura bíblica

"Sabeis muito bem como deveis imitar-nos, porque não vivemos entre vós de maneira desordenada. De ninguém recebemos de graça o pão que comemos. Pelo contrário, enfrentamos um trabalho penoso e cansativo, de noite e de dia, para não sermos pesados a nenhum de vós" (2Ts 3,7-8).

Reflexão

1. Como essas palavras de São Paulo aplicam-se a Santa Paulina?
2. A exemplo de Santa Paulina, o que podemos fazer para resgatar a dignidade e o valor cristão do trabalho em nossa vida?

Mensagem do dia

O Evangelho foi e sempre será a escola dos que buscam a santidade. Santa Paulina deixou-se iluminar pela Palavra de Deus, que é o próprio Jesus. Vamos seguir hoje o exemplo de Paulo Apóstolo, que ela tão bem soube imitar em sua vida: trabalhar com as próprias mãos para não pesar a ninguém e comer o pão com dignidade.

Segunda oração

Ó Santa Paulina, vós que visitastes e acolhestes as pessoas doentes, cancerosas, órfãs e anciãs, alcançai-nos do Senhor tão intensa caridade que nos faça abrir o coração a quem espera nossa ajuda e solidariedade.

Oração final (p. 15)

QUARTO DIA

Santa Paulina:
"A casa construída sobre a rocha"

Em nome do Pai, do Filho, e do Espírito Santo. Amém.

Primeira oração

Ó Santa Paulina, não medistes esforços nem sacrifícios para construir uma casa sobre a rocha de Deus. Vosso aprendizado de fé e de oração não foi fruto de estudos aprofundados. Aprendestes no seio da família a chamar a Deus de Pai, com simplicidade de coração. Mostrai-nos, hoje, que os doentes, os desamparados, as crianças, os idosos e os enfermos, muitas vezes considerados inúteis para a sociedade, são na verdade a universidade de Deus, onde somos chamados a aprender o verdadeiro amor e a vencer nosso orgulho e egoísmo humanos. (*Momento de silêncio para colocar as intenções pessoais, familiares e comunitárias.*)

Conhecendo Santa Paulina

Serenidade diante das dificuldades – O sonho de Amábile Lúcia era tornar-se freira, mas isso parecia impossível por vários motivos: o lugar onde morava era isolado e sem recursos; não contava com o apoio da mãe, que achava a ideia desproporcionada para uma pessoa de ambiente rural, rude e pobre, que mal sabia ler e escrever; e por ser sua ajuda indispensável na casa. A situação ficou ainda pior com a morte da mãe, pois ela teve de encarregar-se da casa e dos irmãos menores.

Mas, quando tudo parecia perdido, a situação mudou com o novo casamento do pai. Agora sim, ela e sua amiga Virgínia Nicolodi puderam deixar tudo para morar em um humilde casebre, que se transformou em "hospital", para cuidar de uma mulher com câncer. As duas, então, se entregaram a uma vida de oração e de ajuda ao próximo.

Mulher de fé – Santa Paulina foi uma mulher laboriosa, de atitudes decididas e corajosas, generosa e desapegada de si, dotada de um profundo espírito de oração e fiel à vontade de Deus. Sua ilimitada confiança na graça de Deus a fazia enfrentar qualquer obstáculo com extraordinária serenidade e sem se preocupar com o dia de amanhã. Não se cansava de repetir: "Se Deus é minha luz, a quem poderei temer? Vamos em frente... O Senhor não deixará de nos ajudar".

Leitura bíblica

"Vou mostrar-vos com quem se parece todo aquele que vem a mim, ouve as minhas palavras e as põe em prática. É semelhante a alguém que, para construir uma casa, cavou fundo e firmou o alicerce sobre a rocha. Veio a enchente, a correnteza atingiu a casa, mas não conseguiu derrubá-la, porque estava bem construída" (Lc 6,47-48).

Reflexão

1. Como essas palavras de Lucas aplicam-se a Santa Paulina?
2. A exemplo de Santa Paulina, o que é construir nossa vida, nossa família, nossa comunidade sobre a rocha?

Mensagem do dia

À luz da Palavra de Deus, deixemos hoje que Santa Paulina nos obtenha de Deus a graça de fazermos uma visita à nossa casa interior. Vamos abrir as portas do nosso interior, tão desejoso de luz e de paz. Deixemos que a luz de Deus nos ilumine, cure as feridas e as enfermidades. Que possamos reconstruir nele tudo o que precisa ser fortalecido.

Segunda oração

Ó Santa Paulina, vós que vos imolastes desejando tornar Jesus Cristo conhecido e amado por todas as pessoas e em todo o mundo, alcançai-nos do Senhor renovado ardor missionário e apostólico, para sermos fiéis à missão de anunciar a Boa-Nova da salvação trazida por Jesus Cristo.

Oração final (p. 15)

QUINTO DIA

Santa Paulina:
"A vontade de Deus, meu paraíso!"

Em nome do Pai, do Filho, e do Espírito Santo. Amém.

Primeira oração

Santa Paulina, vós que fostes tão obediente à vontade misteriosa de Deus, ajudai-nos a quebrar nosso orgulho e descobrir que, no cumprimento de sua vontade, está o segredo da alegria interior. Pois a vontade de Deus é que o busquemos com o coração humilde e generoso, entregando-lhe nossas preocupações. Ele é Pai e cuidará de nós com ternura e misericórdia. (*Momento de silêncio para colocar as intenções pessoais, familiares e comunitárias.*)

Conhecendo Santa Paulina

Pobreza e privações – Madre Paulina mostrou-nos, com sua vida, que é possível construir uma sociedade diferente, que tenha como base a justiça e a fraternidade, na qual toda pessoa possa testemunhar sua fé em Deus Pai, Filho e Espírito Santo, com atitudes, gestos e ações concretas de amor e de doação.

Os inícios da Congregação foram difíceis. Junto com Madre Paulina, as primeiras irmãs de sua Congregação exerciam ofícios diversos. Vivam em extrema pobreza, mas serviam a Deus com alegria. Madre Paulina as encorajava, dizendo: "Permaneçam firmes e adiante! Nunca, jamais desanimem, embora surjam ventos contrários".

Leitura bíblica

"De fato, não é a nós mesmos que pregamos, mas a Jesus Cristo, o Senhor.

Quanto a nós, apresentamo-nos como servos vossos, por causa de Jesus. Com efeito, o Deus que disse: 'Do meio das trevas brilhe a luz', é o mesmo que fez brilhar a luz em nosso coração, para que resplandeça o conhecimento da glória divina que está sobre a face de Jesus Cristo" (2Cor 4,5-6).

Reflexão

1. Como essas palavras de São Paulo aplicam-se a Santa Paulina?
2. A exemplo dela, como estas palavras de São Paulo podem iluminar os momentos difíceis, quando a dor e a contrariedade parecem suplantar a nossa fé?

Mensagem do dia

O tempo passa e vamos percebendo que, junto com as alegrias, também os sofrimentos fazem parte do nosso cotidiano.

Mas quem segue a Jesus descobre nele um sentido redentor de salvação. Completamos em nossa carne a paixão do Senhor, já dizia São Paulo.

Segunda oração

Ó Santa Paulina, vós que tanto vos preocupastes com as crianças e os jovens e lhes apresentastes ideais de heroísmo e santidade, alcançai-nos do Senhor a graça de sermos, por nosso testemunho de vida na família e na sociedade, estímulo para que a juventude ande nos caminhos da verdade e assuma sua vocação com alegria, abertura, doação, entusiasmo e esperança.

Oração final (p. 15)

SEXTO DIA

Santa Paulina: "A empreendedora de Deus"

Em nome do Pai, do Filho, e do Espírito Santo. Amém.

Primeira oração

Santa Paulina, vós fostes dócil instrumento nas mãos de Deus, e assim ele pôde realizar maravilhas! Seguistes os passos de Jesus, que veio para servir e não para ser servido. Intercedei por nós ao Pai, doador de todo bem e de toda graça, e que possamos glorificá-lo hoje e sempre e proclamar o seu nome em todo lugar. Conduzi-nos pela mão, para que, com a graça de Deus, possamos quebrar as correntes do egoísmo e do orgulho que nos impedem de construir um mundo mais fraterno.

Ó Santa Paulina, que a vosso exemplo saibamos entregar-nos a Deus, permitindo que ele mesmo dirija a nossa vida. (*Momento de silêncio para colocar as intenções pessoais, familiares e comunitárias.*)

Conhecendo Santa Paulina

Crescimento da sua obra – Em 1903, Madre Paulina parte para São Paulo com duas irmãs e uma postulante. Muitos se decepcionaram ao ver as irmãs de Nova Trento (SC) cuidar dos filhos de ex-escravos e idosos escravos. Mas o tempo logo se encarregou de mostrar que a obra que nascia era de Deus e não das pessoas. A pequena semente cresce, desenvolve-se sem que nada a detenha, pois Deus queria realmente essa obra.

Algumas convicções se tornaram muito fortes em sua vida, sobretudo quando dizia: "Confiai sempre e muito na Divina Providência. 'Senhor, eu não olho para frente nem para trás; eu olho para o alto'".

Abnegada, simples e generosa, abandonava-se totalmente nas mãos de Deus, deixando-se orientar e guiar por ele em todos os seus empreendimentos. Podemos dizer com toda a certeza que Santa Paulina fez de sua vida um hino à caridade e ao amor de Deus.

Leitura bíblica

"Filho, não prives da esmola o pobre; não desvies do pobre os teus olhos. Não entristeças quem tem fome e não exasperes o pobre em sua indigência. Não aflijas o coração do indigente e não adies a ajuda ao angustiado. Não rejeites a súplica do aflito e não desvies do indigente o teu rosto" (Eclo 4,1-4).

Reflexão

1. Como essas palavras do Eclesiástico podem ser aplicadas a Santa Paulina?
2. O que essas palavras do Eclesiástico nos sugerem? Como diminuir o sofrimento das pessoas ao nosso redor, a começar pelos que sofrem em nossa família e em nossa comunidade?

Mensagem do dia

Santa Paulina sempre dizia às suas filhas: "Sede humildes. É nosso Senhor que faz tudo. Nós somos apenas simples instrumentos. Confiai sempre e muito na Divina Providência. Nunca, jamais desanimeis, embora venham ventos contrários. Novamente vos digo: confiai em Deus e em Maria Imaculada. Permanecei firmes, e adiante!".

Vivendo a caridade, Santa Paulina chegou à santidade pela via do amor e do carinho dispensados aos marginalizados da sociedade.

Segunda oração

Ó Santa Paulina, vós que abraçastes a cruz da humildade e do aniquilamento e, nos momentos difíceis da vida, encorajastes exortando: "Nunca, jamais desanimeis, embora venham ventos contrários", alcançai-nos do Senhor a graça de assumirmos, com fé e em compromisso de transformação, os sofrimentos que machucam e pesam no coração de tantas pessoas.

Oração final (p. 15)

SÉTIMO DIA

Santa Paulina: "Exemplo de serviço ao próximo"

Em nome do Pai, do Filho, e do Espírito Santo. Amém.

Primeira oração

Santa Paulina, vós aprendestes que o maior no Reino dos Céus não é aquele que é servido, mas aquele que serve, que lava os pés. Vós que, em um gesto de amor e plena doação, procurastes dar-vos aos outros, fazei com que nós compreendamos a lição de Jesus, que é servir o outro sem fazer distinção de pessoas. Que também nós possamos lavar os pés uns dos outros, arrancando de nós todo rancor, indiferença, falta de perdão e de solidariedade.

Ó Santa Paulina, intercedei a Deus Pai por nós, e que por Jesus e no Espírito Santo sejamos conduzidos à reconciliação. (*Momento de silêncio para colocar as intenções pessoais, familiares e comunitárias.*)

Conhecendo Santa Paulina

Tempo de provação – Ao professar seus votos, Amábile Lúcia escolheu o nome religioso e profético Irmã Paulina do Coração Agonizante de Jesus: missionária ardorosa, coração terno e misericordioso, serva sofredora e apaixonada por Jesus. Passados seis anos como superiora-geral da Congregação, foi afastada do cargo (1909). Ela não reclamou, mas aceitou tudo com serenidade, sabendo que só Deus é quem conhece e julga os corações. Continuou servindo a todos na alegria, em nome de Jesus.

Leitura bíblica

"Depois de lavar os pés dos discípulos, Jesus vestiu o manto e voltou ao seu lugar. Disse aos discípulos: 'Entendeis o que eu vos fiz? Vós me chamais de Mestre e Senhor; e dizeis bem, porque sou. Se eu, o Senhor e Mestre, vos lavei os pés, também vós deveis lavar os pés uns aos outros'" (Jo 13,12-14).

Reflexão

1. Como essas palavras de Jesus podem ser aplicadas a Santa Paulina?
2. Como encaramos a humildade em nossa vida?

Mensagem do dia

Santa Paulina sempre procurou viver na presença de Deus, pois era ele quem inspirava e motivava todos os seus pensamentos e atividades. Servi-lo nos irmãos era sua maior alegria. Nas provações, via um sinal de que o Senhor estava perto dela, acompanhando seus passos, abençoando a Congregação, multiplicando as vocações. Sentia que na sua dor gerava a vida da própria Congregação. Ela sempre dizia que estava contente por estar onde a "santa obediência" a mandava e, solícita, como um dia fez Jesus, procurou lavar os pés de todas as pessoas.

Segunda oração

Ó Santa Paulina, vós que tanto servistes à Igreja e vos dedicastes inteiramente ao testemunho do Reino de Deus, alcançai-nos do Senhor a graça de vivermos o compromisso batismal, colocando-nos a serviço da vida e da esperança, a fim de construirmos uma sociedade justa, fraterna e solidária.

Oração final (p. 15)

OITAVO DIA

Santa Paulina: "Um exemplo de vida evangélica"

Em nome do Pai, do Filho, e do Espírito Santo. Amém.

Primeira oração

Santa Paulina, fostes um exemplo de vida evangélica, vivendo de maneira pobre, simples e dócil ao plano do Pai, com fé inabalável. A palavra de Jesus – "Pedi e recebereis" – se fazia presente em todas as preces cotidianas, pois a grande preocupação com os irmãos era uma constante em vossa vida.

Santa Paulina, intercedei a Jesus por nós, pelas crianças e pelos órfãos abandonados nas ruas de nossas cidades. Livrai-nos da ganância, do orgulho, do poder e da opressão, para que assim, livres, possamos dedicar-nos melhor ao serviço dos irmãos e irmãs. (*Momento de silêncio para colocar as intenções pessoais, familiares e comunitárias.*)

Conhecendo Santa Paulina

Exemplo heroico de virtude – O Papa João Paulo II aprovou os julgamentos e ordenou que se tornasse público o Decreto no qual Madre Paulina do Coração Agonizante de Jesus foi considerada propagadora das virtudes cristãs em grau heroico. Ela não apenas viveu e guardou a fé, a esperança e a caridade, mas professou e testemunhou em sua vida grandes virtudes. Foi também uma mulher cheia de prudência, amante da justiça, buscando o equilíbrio e a moderação, constante e firme na busca do bem.

Permanecei no meu amor!... – Santa Paulina procurou até o fim permanecer no amor a Deus e ao próximo, pois na caridade encontram-se todas as virtudes. Conta-se que, certa vez, quando se achava enferma, foi cuidada por uma enfermeira. Julgando que Madre Paulina estivesse dormindo, ela ausentou-se para participar da bênção do Santíssimo Sacramento. No seu regresso, Madre Paulina lhe disse que era preferível exercer a caridade para com uma pessoa doente, do que fazer uma adoração ao Santíssimo Sacramento, pois servir um doente é servir ao próprio Jesus.

Leitura bíblica

"A vós, porém, que me escutais, eu digo: amai os vossos inimigos e fazei o bem aos que vos odeiam. Falai bem dos que falam mal de vós e orai por aqueles que vos caluniam" (Lc 6,27-28).

Reflexão

1. Como essas palavras de Lucas aplicam-se à vida de Santa Paulina?
2. O que é saber perdoar?

Mensagem do dia

Santa Paulina procurou realizar em sua vida o pedido de Jesus: "Sede misericordiosos como o vosso Pai é misericordioso". Que o nosso coração se abra hoje à misericórdia e à ternura de Deus. Ela conquistou a santidade seguindo fielmente os passos de Jesus, deixando-se guiar pelo Espírito Santo e entregando-se totalmente a Deus no serviço desinteressado aos irmãos. Ela via nos enfermos, nas crianças, nos jovens, nos desvalidos deste mundo a própria pessoa de Jesus.

Segunda oração

Ó Santa Paulina, vós que encontrastes na oração a alegria, a paz, a força e o sentido da doação da própria vida, alcançai-nos a graça de encontramos, na intimidade com Deus, a força para construirmos nossa vida, família e comunidade no bem, no amor, no perdão e na justiça.

Oração final (p. 15)

NONO DIA

Santa Paulina: "Anjo de caridade"

Em nome do Pai, do Filho, e do Espírito Santo. Amém.

Primeira oração

Ó Santa Paulina, vivestes o amor ao próximo com toda a intensidade, sempre dedicada e preocupada com os mais carentes da sociedade, com aqueles que não têm a quem recorrer, senão ao próprio Deus, consolador dos aflitos. Ensinai-nos, hoje, que ser santo é seguir a Jesus, abrindo nosso coração às inspirações e ao clamor do Espírito Santo em nós, em nossa família, em nossa comunidade, na Igreja, no mundo; é enfrentar o desafio de opor-se aos apelos do consumismo, da violência, do individualismo, da falta de ética; é opor-se ainda à banalização da vida e resgatar a dignidade da pessoa. (*Momento de silêncio para colocar as intenções pessoais, familiares e comunitárias.*)

Conhecendo Santa Paulina

Mulher extraordinária nas coisas comuns e ordinárias – Santa Paulina viveu muito tempo recolhida em seu quartinho, dia e noite na presença de Deus. Rezava e trabalhava, colocando-se à disposição da comunidade para qualquer serviço. No fim da vida, ficou cega e paralisada. Perdeu o braço direito, e assim mesmo continuou a trabalhar apenas com uma mão. Sofria, mas continuava calma, serena e resignada à vontade de Deus, sabendo que Jesus sofria nela também. Aconselhava as pessoas a confiarem sempre na Divina Providência, e em tudo recomendava a caridade.

Fragilizada pela doença, ela ainda se desdobrava em favor dos enfermos e de quem precisasse de seu carinho e ajuda. Morreu cantando o *Te Deum laudamus* (*A ti, ó Deus, o louvor*), no dia 9 de julho de 1942. Tinha 77 anos de idade.

Santa já em vida – Santa Paulina foi humilde e generosa até o fim de seus dias. Já em vida era venerada pelo povo, pois a muitos restituiu a esperança de viver; para os enfermos foi o anjo de caridade que aliviou os sofrimentos e deu coragem para que superassem as provações; e a outros tantos reconduziu ao milagre do perdão e da reconciliação com Deus. Sobretudo depois da morte, a fama de sua santidade difundiu-se por todo o país, confirmando com milagres e graças a vida de amor profundo e despojado em favor do próximo, vivido no exercício constante e habitual das virtudes cristãs.

Leitura bíblica

"Ainda que eu distribuísse todos os meus bens aos famintos, ainda que entregasse o meu corpo às chamas, se não tivesse a caridade, isso nada me adiantaria. A caridade é paciente, a caridade é prestativa, não é invejosa, não se ostenta, não se incha de orgulho. Nada faz de inconveniente, não procura o seu próprio interesse..." (cf. 1Cor 13,1-8).

Reflexão

1. Como essas palavras de São Paulo se aplicam a Santa Paulina?
2. Qual frase ou mensagem do hino da caridade mais tocou o seu coração?

Mensagem do dia

O Evangelho nos mostra que os frutos da caridade são a alegria, a paz e a misericórdia; que o amor é benevolente, desinteressado; gera comunhão e solidariedade nas pessoas. E Santo Agostinho nos ensina que a finalidade de todas as nossas obras é o amor, dizendo que é para alcançá-lo que corremos e, quando chegarmos, é nele que repousaremos.

Segunda oração

Ó Santa Paulina, vós que, abrasada do amor de Deus e despojada de toda grandeza humana, entregastes a vida ao Senhor, alcançai-nos a graça do desprendimento das coisas passageiras deste mundo, buscando somente as coisas de Deus e assumindo o desafio de lutar contra todas as situações de morte, para que todas as pessoas "tenham vida e vida em abundância" (cf. Jo 10,10).

Oração final (p. 15)

NOSSAS DEVOÇÕES
(Origem das novenas)

De onde vem a prática católica das novenas? Entre outras, podemos dar duas respostas: uma histórica, outra alegórica.

Historicamente, na Bíblia, no início do livro dos Atos dos Apóstolos, lê-se que, passados quarenta dias de sua morte na Cruz e de sua ressurreição, Jesus subiu aos céus, prometendo aos discípulos que enviaria o Espírito Santo, que lhes foi comunicado no dia de Pentecostes.

Entre a ascensão de Jesus ao céu e a descida do Espírito Santo, passaram-se nove dias. A comunidade cristã ficou reunida em torno de Maria, de algumas mulheres e dos apóstolos. Foi a primeira novena cristã. Hoje, ainda a repetimos todos os anos, orando, de modo especial, pela unidade dos cristãos. É o padrão de todas as outras novenas.

A novena é uma série de nove dias seguidos em que louvamos a Deus por suas maravilhas, em particular, pelos santos, por cuja intercessão nos são distribuídos tantos dons.

Alegoricamente, a novena é antes de tudo um ato de louvor ao Pai, ao Filho e ao Espírito Santo, Deus três vezes Santo. Três é número perfeito. Três vezes três, nove. A novena é louvor perfeito à Trindade. A prática de nove dias de oração, louvor e súplica confirma de maneira extraordinária nossa fé em Deus que nos salva, por intermédio de Jesus, de Maria e dos santos.

O Concílio Vaticano II afirma: "Assim como a comunhão cristã entre os que caminham na terra nos aproxima mais de Cristo, também o convívio com os santos nos une a Cristo, fonte e cabeça de que provêm todas as graças e a própria vida do povo de Deus" (*Lumen Gentium*, 50).

Nossas Devoções procura alimentar o convívio com Jesus, Maria e os santos, para nos tornarmos cada dia mais próximos de Cristo, que nos enriquece com os dons do Espírito e com todas as graças de que necessitamos.

Francisco Catão

Coleção Nossas Devoções

- *Os Anjos de Deus: novena* – Francisco Catão
- *Dulce dos Pobres: novena e biografia* – Marina Mendonça
- *Francisco de Paula Victor: história e novena* – Aparecida Matilde Alves
- *Frei Galvão: novena e história* – Pe. Paulo Saraiva
- *Imaculada Conceição* – Francisco Catão
- *Jesus, Senhor da vida: dezoito orações de cura* – Francisco Catão
- *João Paulo II: novena, história e orações* – Aparecida Matilde Alves
- *João XXIII: biografia e novena* – Marina Mendonça
- *Maria, Mãe de Jesus e Mãe da Humanidade: novena e coroação de Nossa Senhora* – Aparecida Matilde Alves
- *Menino Jesus de Praga: história e novena* – Giovanni Marques Santos
- *Nhá Chica: Bem-aventurada Francisca de Paula de Jesus* – Aparecida Matilde Alves
- *Nossa Senhora Achiropita: novena e biografia* – Antonio Sagrado Bogaz e Rodinei Carlos Thomazella
- *Nossa Senhora Aparecida: história e novena* – Maria Belém
- *Nossa Senhora da Cabeça: história e novena* – Mario Basacchi
- *Nossa Senhora da Luz: novena e história* – Maria Belém
- *Nossa Senhora da Penha: novena e história* – Maria Belém
- *Nossa Senhora da Salete: história e novena* – Aparecida Matilde Alves
- *Nossa Senhora das Graças ou Medalha Milagrosa: novena e origem da devoção* – Mario Basacchi
- *Nossa Senhora de Caravaggio: história e novena* – Leomar A. Brustolin e Volmir Comparin
- *Nossa Senhora de Fátima: novena* – Tarcila Tommasi
- *Nossa Senhora de Guadalupe: novena e história das aparições a São Juan Diego* – Maria Belém
- *Nossa Senhora de Nazaré: novena e história* – Maria Belém
- *Nossa Senhora Desatadora dos Nós: história e novena* – Frei Zeca
- *Nossa Senhora do Bom Parto: novena e reflexões bíblicas* – Mario Basacchi

- *Nossa Senhora do Carmo: novena e história* – Maria Belém
- *Nossa Senhora do Desterro: história e novena* – Celina Helena Weschenfelder
- *Nossa Senhora do Perpétuo Socorro: história e novena* – Mario Basacchi
- *Nossa Senhora Rainha da Paz: história e novena* – Celina Helena Weschenfelder
- *Novena à Divina Misericórdia* – Tarcila Tommasi
- *Novena das Rosas: história e novena de Santa Teresinha do Menino Jesus* – Aparecida Matilde Alves
- *Novena em honra ao Senhor Bom Jesus* – José Ricardo Zonta
- *Ofício da Imaculada Conceição: orações, hinos e reflexões* – Cristóvão Dworak
- *Orações do cristão: preces diárias* – Celina Helena Weschenfelder
- *Padre Pio: novena e história* – Maria Belém
- *Paulo, homem de Deus: novena de São Paulo Apóstolo* – Francisco Catão
- *Reunidos pela força do Espírito Santo: novena de Pentecostes* – Tarcila Tommasi
- *Rosário dos enfermos* – Aparecida Matilde Alves
- *Rosário por uma transformação espiritual e psicológica* – Gustavo E. Jamut
- *Sagrada Face: história, novena e devocionário* – Giovanni Marques Santos
- *Sagrada Família: novena* – Pe. Paulo Saraiva
- *Sant'Ana: novena e história* – Maria Belém
- *Santa Cecília: novena e história* – Frei Zeca
- *Santa Edwiges: novena e biografia* – J. Alves
- *Santa Filomena: história e novena* – Mario Basacchi
- *Santa Gemma Galgani: história e novena* – José Ricardo Zonta
- *Santa Joana d'Arc: novena e biografia* – Francisco de Castro
- *Santa Luzia: novena e biografia* – J. Alves
- *Santa Maria Goretti: história e novena* – José Ricardo Zonta
- *Santa Paulina: novena e biografia* – J. Alves
- *Santa Rita de Cássia: novena e biografia* – J. Alves

- *Santa Teresa de Calcutá: biografia e novena* – Celina Helena Weschenfelder
- *Santa Teresinha do Menino: novena e biografia* – Jesus Mario Basacchi
- *Santo Afonso de Ligório: novena e biografia* – Mario Basacchi
- *Santo Antônio: novena, trezena e responsório* – Mario Basacchi
- *Santo Expedito: novena e dados biográficos* – Francisco Catão
- *Santo Onofre: história e novena* – Tarcila Tommasi
- *São Benedito: novena e biografia* – J. Alves
- *São Bento: história e novena* – Francisco Catão
- *São Brás: história e novena* – Celina Helena Weschenfelder
- *São Cosme e São Damião: biografia e novena* – Mario Basacchi
- *São Cristóvão: história e novena* – Mário José Neto
- *São Francisco de Assis: novena e biografia* – Mario Basacchi
- *São Francisco Xavier: novena e biografia* – Gabriel Guarnieri
- *São Geraldo Majela: novena e biografia* – J. Alves
- *São Guido Maria Conforti: novena e biografia* – Gabriel Guarnieri
- *São José: história e novena* – Aparecida Matilde Alves
- *São Judas Tadeu: história e novena* – Maria Belém
- *São Marcelino Champagnat: novena e biografia* – Ir. Egídio Luiz Setti
- *São Miguel Arcanjo: novena* – Francisco Catão
- *São Pedro, Apóstolo: novena e biografia* – Maria Belém
- *São Roque: novena e biografia* – Roseane Gomes Barbosa
- *São Sebastião: novena e biografia* – Mario Basacchi
- *São Tarcísio: novena e biografia* – Frei Zeca
- *São Vito, mártir: história e novena* – Mario Basacchi
- *A Senhora da Piedade: setenário das dores de Maria* – Aparecida Matilde Alves
- *Tiago Alberione: novena e biografia* – Maria Belém